AF359527

A TRAVERS

L'ESPAGNE ET LE PORTUGAL

A TRAVERS

L'ESPAGNE

ET

LE PORTUGAL

PAR

Jules DAVEAU

CONSERVATEUR DU JARDIN DES PLANTES DE MONTPELLIER

MEMBRE CORRESPONDANT DE L'ACADÉMIE DES SCIENCES DE LISBONNE

MONTPELLIER

IMPRIMERIE CENTRALE DU MIDI

(HAMELIN FRÈRES)

—

1902

A TRAVERS

L'ESPAGNE ET LE PORTUGAL

Appelé à Lisbonne par mille souvenirs, par de nombreux
liens d'amitié toujours solides malgré l'absence et aussi par
l'occasion, cette fugitive qu'il faut se hâter de saisir par son
unique cheveu, nous nous mettions en route, mon frère et
moi, au commencement d'avril. Les notes qui vont suivre,
prises au vol pour ainsi dire, tel qu'on peut les prendre par la
portière d'un train en marche, présenteront forcément de
grandes lacunes et une certaine incohérence.

Notes de jardinier-botaniste, elles n'ont d'autre prétention
que de donner un léger aperçu de la végétation spontanée du
pays ainsi parcouru. Un passage un peu moins rapide dans
certaines villes du parcours nous permettra d'y ajouter quelques observations sur les jardins de la Péninsule.

De la frontière a Barcelone. — Après avoir franchi de
nuit les Pyrénées, nous nous trouvons, au petit jour, sous le
ciel de l'Espagne. Aux derniers Hêtres, vestiges ultimes de la
végétation montagneuse, se mêlent déjà quelques Pins
pignons, indice de la proximité du littoral, et quelques Chênes
verts. Des plaines se montrent bientôt où des céréales alternent avec des cultures étendues de Lupin (*Lupinus albus*), de
Sainfoin, de Trèfle incarnat et de Fèves, mais, de place en

place, l'uniformité de ces champs est relevée par de gros Figuiers, à végétation encore endormie, isolés au milieu de chaque culture.

Cependant le Pin pignon ne tarda pas à dominer, seul ou associé au Chêne-liège, dont les produits alimentent les nombreuses fabriques de Gérone, où le liège reçoit une première manipulation.

Sous ces arbres, le sous-bois est constitué, en majeure partie, de *Cistus monspeliensis*, parmi lesquels s'élèvent les thyrses fleuris d'un grand Ajonc (*Ulex*, sp.?) et les rameaux du Genêt de Catalogne (*Sarothamnus catalaunicus*). La grande Bruyère blanche (*Erica arborea*), le Romarin (*Rosmarinus officinalis*) et quelques *Cistus salvifolius* complètent les grands traits de cette association végétale.

Dans la plaine, s'alignent et défilent des Peupliers blancs, des Trembles, des Platanes, tandis que le fond des vallées verdit sous l'élégante frondaison de la Fougère à l'aigle (*Pteris Aquilina*).

C'est surtout le Chêne vert, associé au Pin pignon, qui représente, aux environs de Barcelone, l'élément forestier. Une ascension au Tibidabo, colline schisteuse de 530 mètres où le Pin pignon est encore l'arbre dominant, nous donne le type des garigues environnantes. Parmi les arbustes, nous notons l'Arbousier (*Arbutus Unedo*), le Lentisque (*Pistacia Lensticus*), le Philaria (*Phillyrea latifolia*), la Bruyère blanche (*Erica arborea*) avec *Cistus monspeliensis*, *C. salvifolius*, et, çà et là, *Genista candicans*, *Lonicera implexa*, *Lavandula Stoechas*, *Ononis Natrix*. *Authyllis tetraphylla*, *Urospermum Dalechampii*, etc.

BARCELONE. — Élégante, propre, pleine de mouvement, la ville de Barcelone nous rappelle nos villes françaises. Le port, certainement le plus important de toute l'Espagne, présente une extraordinaire animation. Des voitures de toute forme chargent et déchargent sur les quais, les gens se croisent d'un air affairé, les tramways sillonnent sans interruption les rues et les boulevards de la ville concurremment avec les omnibus système Ripert et ceux des hôtels chargés de malles et de voyageurs. Toute cett: animation donne à Barcelone un cachet bien spécial, bien différent surtout des autres villes d'Espagne.

Les promenades, larges et ombragées, la plupart pavées en bois, offrent au piéton une excellente piste. L'un de ces boulevards, planté de hauts Jattiers, rappelle Nice et la classique promenade des Anglais. Les Palmiers semblent, du reste, être appréciés à Barcelone plus qu'en aucune autre ville d'Espagne. Noté dans les différents squares les espèces suivantes : *Phœnix canariensis, Latania borbonica, Pritchardia filifera, Chamærops excelsa, Chamærops humilis, Cocos australis.* Le climat, très doux, présente, dit-on, une moyenne de 17° centigrades, et des extrêmes dépassant rarement + 31° l'été et − 2° l'hiver. Néanmoins, c'est sous abri, dans les jardins d'hiver du parc, que nous trouvons *Areca Baueri, Livistona australis, Strelitzia Reginæ,* et des *Camelias* qui pourraient, croyons-nous, se passer de cette protection.

Les jardins de la ville offrent un type tout spécial, constitués qu'ils sont par des massifs surélevés de près d'un mètre au-dessus du sol. Les talus-bordures, presque verticaux, sont plantés en Lierre, *Tradescantia, Mesembryanthemum scandens, M. crassifolium,* souvent décorés de motifs de mosaïculture. Ces jardins sont généralement plantés de diverses espèces de Palmiers, *Dracænas, Phormiums,* etc.

Les massifs du Parc ou Jardin public sont disposés de la même manière, mais leur ornementation est différente ; les arbustes qui les composent sont surtout : *Garrya elliptica* et *Stranvæsia glaucescens* (trop rarement employés à Montpellier), *Casuarina equisitifolia, Tamarix gallica, Cratægus Pyracantha, Pittosporum Tobira.* Les allées, très larges, bordées tantôt de beaux Magnolias, tantôt de Peupliers blancs et de Tilleuls, en reçoivent une ombre précieuse ; l'irrigation est assurée par des rigoles en briques dans lesquelles l'eau circule d'un arbre à l'autre. Devant le Musée d'histoire naturelle, installé dans le Parc, on voit des lignes d'Orangers encadrant de grands massifs de Bananiers.

Le marché aux fleurs se tient sur la Rambla, la plus belle promenade de Barcelone ; il semble assez bien approvisionné.

Noté sur les éventaires, parmi les fleurs coupées : *Calla æthiopica*, Bluets, Œillets, Camélias, ces derniers en abondance, *Gypsophila elegans* et les gracieux rameaux-guirlandes du *Spiræa cantoniensis* (peut-être plus connu sous le nom de *S. Reevesiana*). Beaucoup d'*Asparagus acutifolius*, cette mauvaise herbe de nos haies que l'on consomme à Montpellier sous le nom d'Asperge de campagne, dès qu'elle se présente à l'état de jeune pousse.

La plante en pot est représentée par les *Clivia* (*Imantophyllum*), les Anthemis (*Chrysanthemum grandiflorum*, variété comtesse de Chambord), Lilas, Glycines, Dracænas et *Phœnix canariensis*.

Parmi les fruits, encore rares à la saison actuelle, nous ne voyons que l'Orange, la Chayotte (*Sechium edule*) et !a Courge aux cheveux d'ange (*Cucurbita melanosperma*).

Avant de quitter Barcelone, signalons une coutume que nous retrouvons du reste dans toutes les villes d'Espagne, La palme provenant de la fête des Rameaux est fixée au balcon de chaque maison. Parfois, capricieusement tressées, elles sont souvent aussi ornées de rubans aux couleurs voyantes.

DE BARCELONE AU MONTSERRAT. — Les environs de Barcelone sont émaillés de belles villas, entourées de jardins plantés d'orangers, bien garnis de verdure et de fleurs ; la campagne, très cultivée, est riante et fertile.

La ligne qui se dirige vers Lérida, après avoir traversé la plaine, s'avance dans une région plus accidentée. Dans les fentes des roches schisteuses qui forment la tranchée, nous notons :

Coriaria myrtifolia,	*Rosmarinus officinalis*,
Cistus albidus,	*Euphorbia Characias*,
Genista Scorpius,	*Inula viscosa*,
Psoralea bituminosa,	*Biscutella ambigua*,
Picridium vulgare,	*Alyssum marit mum*.
Sonchus tenerrimus,	

Plus loin, dans la garigue, abondent *Euphorbia nicæensis*
et *E. serrata*. Le Pin pignon (*Pinus Pinea*) se montre déjà
associé au Pin d'Alep (*Pinus halepensis*) qui ne tardera pas à se
substituer à lui. Des champs de chardon à foulon (*Dipsacus
fullonum*) nous dénoncent la proximité des fabriques de tissus
de laine et de coton, notamment près de Sabadell. Dans cette
région accidentée, le cultivateur a profité des plis de terrain
pour se creuser dans la roche tendre un abri contre le soleil
ou la pluie, les flancs des coteaux semblent ainsi percés de
sortes de petites grottes.

Nous voici à Monistrol d'où un chemin de fer à crémaillière
doit nous hisser jusqu'au fameux monastère du Montserrat,
situé à environ 800 mètres. Fondé au quinzième siècle, ce
couvent est établi sur un pli de la montagne dont les flancs
sont à pic ; il est donc dominé par d'énormes rochers formant crête, qui se profilent sur l'horizon en autant de dents
gigantesques. C'est leur analogie avec les dents d'une scie
qui a fait donner à la montagne le nom de Montserrat. Celle-ci
est constituée par un assemblage d'énormes cônes nus et
inaccessibles formés par des cailloux de diverses teintes, reliés
par un ciment d'argile et de sable, sorte de poudingue d'une
grande cohésion.

Au fur et à mesure qu'on s'élève, l'escarpement déroule
une flore variée, nous pouvons noter : *Euphorbia flavicoma,
Linum narbonense, Genista Scorpius, Rosmarinus officinalis,
Globularia Alypum.*

Au delà de 400 mètres dominent *Santolina Chamæcyparissus*
et le Romarin accompagnés de *Lonicera implexa, Amelanchier
vulgaris, Globularia vulgaris, Buxus sempervirens, Phillyrea
angustifolia.* Le *Sisymbrium Columnæ* abonde dans les remblais
où se trouvent aussi *Tussilago Farfara* et *Helleborus fœtidus.*

Autour du couvent et des chapelles adjacentes (850 mètres
d'altitude), un véritable tapis d'*Hepatica triloba* couvre le sol,
piqué çà et là de nombreuses espèces d'*Hieracium* (1). La

---

(1) Entre autres: *Hieracium amplexicaule,* H. *præcox,* H. *Lychnitis,*
H. *Lawsoni.* H. *macrophyllum,* H. *neocerinthe,* H. *purpurascens,* H. *niti-
dum,* H. *præaltum.*

végétation ligneuse y est formée en grande partie par des buissons de Chêne-vert (*Quercus Ilex*), de Laurier-tin (*Viburnum Tinus*), de Bruyères (*Erica multiflora* et *E. arborea*), de Buis (*Buxus sempervirens*), de Troëne (*Ligustrum vulgare*), de Lauréole (*Daph e Laureola*), et de trois espèces de Genévriers (*Juniperus communis, J. phœnicea* et *J. Oxycedrus*).

Dans les roches et disséminées un peu partout s'épanouissent :

Campanula speciosa.	*Bupleurum fruticosum.*
Aphyllanthes monspeliensis.	— *fruticescens.*
Allium fallax.	— *ranunculoïdes.*
Saponaria ocimoïdes.	— *rigidum.*
Arabis Turrita.	— *angulosum.*
Calamintha Acinos.	*Potentilla verna.*
Thymus vulgaris.	— *opaca.*
Taraxacum lævigatum.	*Narcissus juncifolius.*
Euphorbia silvatica.	*Fritillaria Meleagris.*
Asplenium Halleri.	*Viola silvatica.*
Coronilla Emerus.	*Sesleria cœrulea.*
Ononis minutissima.	*Globularia vulgaris.*
Phagnalon sordidum.	*Cytisus supinus.*

De cette hauteur (850 mètres) la vue est réellement admirable. A l'horizon, le regard se perd dans une succession moutonneuse de collines et de montagnes, jusqu'aux Pyrénées, dont les cimes neigeuses apparaissent par les temps clairs ; à nos pieds, au bas de la haute falaise qu'est le Montserrat, la ville et l'église de Monistrol se voient en raccourci, comme tapies au fond de la gorge ou coule le Llobregat.

Le temps nous manque pour accomplir l'ascension de la montagne et voir les Ifs improprement appelés « Abetos », dont les rameaux ornent les surtouts de la table d'hôte ; il nous faut retourner à Barcelone et reprendre notre itinéraire.

De Barcelone a Madrid (par Saragosse). — Au sortir de Barcelone, la ligne traverse d'abord une plaine bien cultivée, puis, serrant de près le littoral, laisse voir de nombreux Caroubiers (*Ceratonia Siliqua*) et quelques Palmiers nains dans les fentes de l'escarpement qui enserrent la voie ferrée. Le *Chamærops humilis* ne croît dans cette partie de l'Espagne qu'à l'état sporadique, c'est dans le sud, en Andalousie par exemple, qu'on peut l'observer couvrant de larges surfaces. Nous avons signalé dans ces mêmes *Annales* sa station la plus septentrionale sur la côte Atlantique, près Sétubal, à l'embouchure du rio Sado (1).

Lorsque de Saragosse on se dirige vers Madrid, on est frappé de l'aridité et de la stérilité d'une très grande partie de cette région. D'immenses plaines désolées, sans arbres, au sol presque dépourvu d'herbe, annoncent la région des steppes ibériques qui s'étendent encore au sud-est vers Albacete et Murcie. Cependant la vallée de l'Elbe, bien cultivée, repose l'œil de ces plaines désertiques. De vastes Olivettes mélangées d'Amandiers se montrent partout, et le sol en est soigneusement emblavé. Mais depuis longtemps le Pin pignon a disparu, remplacé par le Pin d'Alep, mieux constitué pour résister aux températures extrêmes de ce climat continental.

MADRID. — La capitale de l'Espagne ressemble peu aux autres villes espagnoles. On se sent néanmoins dans une grande ville, mais dans une ville moderne, car Madrid est née d'hier comparativement aux autres cités. Sur la place principale, la fameuse Puerte del Sol, et dans la rue d'Alcala, la foule circule comme dans Barcelone, mais on n'y retrouve pas cette activité fiévreuse qui caractérise la capitale de la Catalogne.

Nous rencontrons à Madrid un ancien confrère et un ami, M. Louis Spalla, connu à Lisbonne où il a laissé d'excellents souvenirs. Horticulteur distingué, notre ami, associé à son frère, dirige l'un des meilleurs établissements d'horticulture de Madrid, nous aurons l'occasion d'y revenir.

Malgré l'inclémence de son climat et peut-être à cause de sa haute altitude (655 mètres), Madrid possède des jardins publics d'un assez bon aspect. Les gazons en sont bien entre-

(1) J. Daveau, *Le Palmier nain et le Caroubier en Portugal*, 1899.

tenus, mais les massifs présentent peu d'espèces remarquables.

Le Jardin botanique, fondé en 1780, fut dirigé par des botanistes restés célèbres, tels que Lagasca, Cavanilles, Calmeiro, etc. Une grille de fer reliée par des piliers de granit l'entoure et atteste son importance passée. A l'intérieur, les plates-bandes de l'École de botanique consistent en autant de rigoles au bord desquelles les espèces sont plantées. Toutes sont ainsi abondamment arrosées sans aucune distinction (comme une planche de salades), qu'elles soient xérophiles ou hydrophiles; aussi ces dernières ont-elles pullulé et pris sans façon la place des premières. La même espèce est ainsi représentée nombre de fois sans souci de l'étiquetage. Les serres témoignent de la même absence de connaissances techniques ; on y voit avec surprise des espèces très rustiques comme *Vallisneria spiralis*, *Menyanthes trifoliata*, *Iris pseudo-Acorus*, *Aponogeton distachyum* pour n'en citer que quelques-unes.

Les jardiniers habiles ne manquent pourtant pas à Madrid, il suffit pour s'en convaincre de voir les magasins des fleuristes madrilènes très bien garnis de plantes vertes ou fleuries, voire même d'Orchidées. L'établissement des frères Spalla est un des principaux centres d'approvisionnement de ces magasins. Diverses plantes à feuillage, Palmiers, Dracænas, Fougères, Aroïdées, etc., sont forcées dans des serres basses ; d'autres contiennent, soit des Gardenias, soit des Orchidées, nous y avons admiré une superbe Mélastomacée très bien cultivée, le *Cyanophyllum magnificum*, ancienne, mais toujours très belle plante.

Dans un pays où la chaleur règne avec intensité, les boissons sont naturellement très variées. L'une d'elles est peu connue en dehors de l'Espagne, c'est une sorte de crème glacée ou d'orgeat fabriqué avec les tubercules du *Cyperus esculentus* appelé ici « Chufa » ou encore « Castañuela » (petite châtaigne). Ces tubercules, de la grosseur d'un noyau de cerise, se trouvent sur les rhizomes de cette petite Cypéracée. Très traçante, naturalisée dans beaucoup de cultures, il est difficile de l'extirper complètement dès qu'elle s'est installée quelque part. Les « Chufas » sont aussi cultivés dans la province de Valence.

De Madrid a Cordoue. — Le trajet de Madrid à Cordoue s'effectuant en partie de nuit, nous n'avons pu faire nos observations habituelles. Le point du jour nous surprend, en effet, bien au delà des montagnes de Tolède, dans la vallée du Tage et en vue de la Sierra Morena, qui semble devoir nous barrer le passage. La ligne traverse cependant cette chaîne par l'hiatus qu'ouvre un affluent du Guadalquivir ; nous approchons de Cordoue. Un déraillement survenu la veille près de Villanueva da Reyna nous oblige à une station forcée ; à quelque chose malheur est bon, nous en profitons pour inventorier la prairie voisine. La note dominante y est donnée par *Diplotaxis catholica, Erodium malacoides, Geranium dissectum, Trifolium resupinatum, Kœleria phleoides, Anthemis nobilis, Plantago Coronopus ;* parmi ces plantes, formant le fond de la végétation, se détachent çà et là *Nonnea nigricans, Iris scorpioides, Anacyclus valentina, Anchusa granatensis,* indices d'une flore plus méridionale que celles déjà observées jusqu'ici et à laquelle les longues tiges de l'*Echium Pomponium* donnent une note toute caractéristique.

Nous retrouvons quelques-unes de ces espèces dans la jachère, sous les Oliviers et les Chênes verts, plus particulièrement *Anchusa granatensis, Fedia Cornucopiæ, Convolvulus tricolor* et, par places, de véritables tapis d'*Omphalodes linifolia,* la gracieuse Argentine de nos jardins.

Les champs de fèves sont toujours très fréquents, de même que ceux de pois-chiches ou « garbanços » (*Cicer arietinum*). Près de Cordoue, les champs cultivés sont remplacés par de grands pâturages où paissent bœufs et taureaux et dont la verdure n'est émaillée çà et là que par les inflorescences jaunes et blanches de l'*Euphorbia segetalis* et de l'*Omphalodes linifolia.*

Bientôt la scène change de nouveau, les bois de Chênes verts réapparaissent et avec eux des plantes qui nous sont familières : *Cistus monspeliensis* et *C. salvifolius.* Les ruisseaux tributaires du Guadalquivir (l'Oued-el-Kébir des Arabes) se montrent bordés de Lauriers-roses et aussi de « Tamujo » (*Securinega buxifolia*), euphorbiacée frutescente à type de

— 14 —

Rhamnus, répandue en Algérie, dans les fleuves d'Espagne
et de Portugal (1).

Cordoue. — Nous retrouvons entre les pavés des rues de
Cordoue une de nos anciennes connaissances des rues de
Lisbonne et de Coïmbre, le *Gymnostyles (Soliva) lusitanica,* non
signalée encore en Espagne. C'est une curieuse Composée,
unique représentant en Europe d'un genre américain. Une
autre espèce *Soliva Barklayana* s'est récemment montrée près
de Porto.

On pourra dire que la ville de Cordoue n'est point belle ; personne ne pourra prétendre qu'elle manque de caractère. Passant
sans transition aucune de Madrid à Cordoue, le voyageur
croit aborder dans un autre pays. Impossible de voir cette ville
sans que les souvenirs se pressent en foule dans la mémoire,
car les traces de la domination maure n'ont pu être effacées
par la civilisation espagnole. On se croirait dans quelque ville
de la Tripolitaine, et l'on s'étonne de n'y point voir l'Arabe
s'y promener de son pas grave, rejetant d'un geste familier le
pan de son burnous sur son épaule gauche. Nous retrouvons, il
est vrai, ce geste chez l'Espagnol porteur de la classique
« capa », mais au point de vue du pittoresque, la comparaison
reste tout à l'avantage du fils de l'Islam. L'immense mosquée,
sa forêt de colonnettes et ses dehors de forteresse a gardé
tout son caractère, quoiqu'elle soit aujourd'hui transformée
en cathédrale. Cette mosquée raconte à elle seule toute l'histoire religieuse de l'Espagne.

Les maisons de Cordoue, comme celles de la plupart des
villes andalouses, sont pourvues d'une cour intérieure ou
« patio », sorte de salon d'été, où se concentre à certaines
heures la vie de la maison ; nous aurons l'occasion d'y revenir en parlant de Séville.

(1) Les rameaux raides et spinescents de cet arbrisseau sont très
employés à Madrid, à Cordoue et ailleurs pour la confection des balais.
A Grenade et à Séville, cet emploi est rempli par les longues tiges du
Microlonchus Clusii connu vulgairement sous les noms de « Escoba de
Cabezuelo, Escobillas » ou encore « Baraderas ». A Lisbonne, on se sert,
pour cet usage, du *Kochia scoparia,* cultivé à cet effet.

Grenade. — Le lendemain nous arrivions à Grenade, si justement célèbre par son Alhambra, le plus beau joyau de l'Espagne. Les rues de la ville sont étroites pour la plupart, comme il convient à un pays où les chaleurs sont intenses, mais la propreté de ces mêmes rues est rudimentaire. Le service de la voierie, très simplifié, consiste en un baudet chargé d'une sorte de bissac tressé en alfa, dont les deux poches tombent de chaque côté de l'animal. Le cantonnier, armé d'un balai sans manche, ramasse le crottin en petits tas, les deux mains servent de pelle. Le vent et la pluie, suivant l'état du temps, se chargent de l'enlèvement de la boue ou de la poussière. Aussi des passages dallés traversent la chaussée des rues ou boulevards un peu larges pour permettre aux piétons de passer d'un trottoir à l'autre sans courir le risque de s'enliser complètement dans les cloaques.

Citons à Grenade le petit jardin botanique, attenant à l'Université, jardin bien tenu et fidèlement étiqueté.

Comme partout, les marchés sont instructifs et méritent l'attention du touriste ; nous y remarquons des Oranges et des Fèves en grande abondance, puis du Fenouil doux (*Fœnicalum dulce*), du Scolyme d'Espagne (*Scolymus hispanicus*), des Raisins d'une rare fraîcheur malgré la saison (avril), la Pistache de terre (*Arachis hypogæa*), des Pois chiches, des Olives. On y retrouve aussi cette odeur d'huile rance qui vous poursuit malgré les Orangers en fleurs. Les fritures en plein vent de tortillons de pâte appelés « Caringos », y contribuent pour une grande part. Le Caringo s'obtient en giclant dans la friture, à l'aide d'une seringue *ad hoc*, des méandres d'une pâte épaisse. L'opérateur place le piston de l'instrument sous l'aisselle et ramène à lui le corps de la seringue en lui imprimant un mouvement destiné à donner à la pâte les sinuosités désirables.

Les jardins de Grenade n'offrent généralement que la banalité de nos jardins du nord, tandis qu'ils pourraient être ornés de toutes les richesses de la flore subtropicale. A part quelques Orangers, nous n'y avons noté que des Boules-de-Neige (*Viburnum Opulus*), des Lauriers-tin (*V. Tinus*), des

Spirées (*Spiræa Reevesiana*), des Néfliers du Japon (*Eriobotrya japonica*). Quelques conifères tels que l'If (*Taxus baccata*), l'Epicea (*Picea excelsa*), le *Taxodium sempervirens*. Peu ou pas de Palmiers, à part le *Chamærops excelsa* et le Dattier. En général les jardins de l'Andalousie sont peu variés dans leur composition, mais on y trouve une ombre épaisse, et les Orangers portant fleurs et fruits à cette époque leur prêtent un grand charme.

L'Alhambra est une de ces merveilles architecturales qu'il faut voir pour s'en rendre compte ; toute description serait incomplète ou risquerait d'être taxée d'exagération. Une vieille porte donne accès au Parc qui précède cette perle de l'architecture arabe. On se trouve immédiatement sous un dôme de verdure formé d'arbres de toutes sortes : Pins, Ormeaux, Sycomores, Frênes, Platanes, avec sous bois de Lauriers-roses et de lierre. De petites rigoles en cailloutis, dans lesquelles court une eau limpide, entretiennent une certaine fraîcheur. Il règne sous ces allées couvertes, presque impénétrables aux rayons solaires, comme un climat particulier et l'impression en est singulièrement reposante.

En sortant de l'ombrage des arbres, on aperçoit tout à coup les cîmes couvertes de neige de la Sierra Nevada, dont l'imposant massif se dresse à peu de distance. Citons encore, avant de quitter l'enceinte de l'Alhambra, les jardins du Généralife, remplis de fleurs et de verdure. Du belvédère qui les domine, la vue s'étend sur Grenade, qu'on aperçoit à ses pieds, divisée par le ravin qui forme le lit du Darro. Au delà de ce ravin, sur le flanc de la colline, se trouve l'antique quartier des gitanos ; leurs habitations en forme de grottes, creusées dans la montagne, nous rappellent celles du village des Baux, en Provence.

DE GRENADE A SÉVILLE. — Les environs de Grenade, la « Vega », comme on l'appelle, est d'une extrême fertilité. Elle s'étend sur dix à douze lieues de diamètre, encadrée par de hautes montagnes qui la garantissent des vents du Nord. C'est une plaine couverte de prairies, de vergers, de plantations d'Orangers, de champs de Blé, de Maïs, de Fèves et même de Coton et de Canne à sucre. Des senteurs exquises flottent dans l'air ambiant et font oublier celles qu'on vient de respirer en ville et où l'huile des fritures constitue la note dominante.

Si l'on s'éloigne de Grenade dans la direction de Séville, à Bobadilla par exemple, nous revoyons encore de grands bois d'Oliviers alternant avec des céréales et surtout des champs de Fèves, dont le grain sert, dans toute la Péninsule, à la nourriture des animaux de trait. Les Caroubiers, les Chênes lièges sont rares dans la partie que nous traversons, mais les Chênes verts s'y rencontrent fréquemment.

Sous ces bois d'Yeuse, dominent: *Ulex bæticus, U. australis*, *Phlomis Herba-venti, Cynoglossum clandestinum, Convolvulus altheoides, Cynara (Bourgæa) humilis*.

Les escarpements d'une tranchée profonde nous montrent d'autres espèces : *Andryala ragusina, Phagnalon rupestre, Scrofularia canina*.

La voie ferrée atteint bientôt l'altitude de 700 mètres; malgré la hauteur les Amandiers ne nous abandonnent pas, et avec eux nous notons : *Cistus albidus, Phlomis purpurea, Genista (Retama) sphærocarpa, Teucium Polium, Ophrys lutea*, ces plantes s'élèvent, près la station de « Las Salinas », jusqu'à 750 mètres, et à cette altitude les Chênes verts ont une grosseur remarquable.

Plus loin, la ligne descend rapidement; de beaux Casuarinas bien réguliers abritent la station d'Ojuelos. Çà et là des Pins pignons isolés ou en petits groupes dressent leur silhouette si caractéristique; avec eux apparaissent quelques Chênes-liège et un peu plus loin des touffes de Palmiers nains se montrent soit dans les garigues, soit au milieu des champs cultivés, d'où leur extraction a sans doute paru trop pénible ou trop coûteuse. Avec les Palmiers nains, croissent dans la garigue: *Thapsia garganica* var. *decussata, Muscari comosum, Omphalodes linifolia, Anchusa italica, Allium neapolitanum, A. roseum, Fedia Cornucopiæ, Asphodelus microcarpus, Cynara Cardunculus, Mandragora officinarum, Iris Xiphium*. Cette dernière espèce s'élève, dans cette région, jusqu'à 2,000 mètres d'altitude.

Les Figuiers, la Vigne, couverts de feuilles et de pampres marquent, sur Montpellier, une avance de deux mois. Des lignes d'*Agave americana*, des haies d'*Opuntià ficus Indica* limitent la voie ferrée et les propriétés, en imprimant un coin tout spécial au paysage. Nous traversons de grandes plaines tourbeuses, ensemencées de Maïs ; sur de grandes prairies, constituées par un tapis très ras de graminées, relevé de place en place par de fortes touffes de Palmier nain, paissent de petits porcs tout noirs et surtout des troupes de chevaux. L'Association du *Chamærops humilis* occupe, ici, des lieues carrées de surface, le train nous y entraîne pendant plus d'un quart d'heure ; l'altitude est d'environ 130 mètres au-dessus du niveau de la mer.

L'Olivier abonde également dans toute cette région. Les jeunes plants destinés soit à combler les vides, soit à constituer de nouvelles plantations, ont leur tige protégée par un ados conique, en forme de nid de termite, ne laissant à l'air libre que la ramure. L'ados est formé avec de la terre jusqu'à ce qu'elle ne puisse se maintenir, le reste de la tige est garanti avec des feuilles d'Agaves. Cette pratique conserve au jeune plant sa stabilité et le protège contre les coups de vent, le hâle, la dent des bestiaux et du gibier.

SÉVILLE. — Assise au milieu d'une vaste plaine, entre la Sierra Morena et la Sierra da Ronda, Séville est moins pittoresque que Grenade, mais sa situation au bord de Guadalquivir lui ménage toutes les ressources que Paris tire de la Seine. Séville est une sorte de port intérieur. La campagne (véga) est aussi fertile, aussi agréable que celle de Grenade. On y voit de délicieuses villas ; l'Andalous aime les fleurs, qui sont, du reste, le complément obligatoire et journalier de la coiffure des femmes. Toutes, en effet, ont une ou plusieurs fleurs piquées dans les cheveux, et cette coutume n'est pas spéciale aux villes, mais se retrouve dans toute l'étendue de la campagne andalouse.

Les rues de Séville sont fort agréables, on est étonné de ne pas y être obsédé par les mendiants qui importunent avec ténacité le voyageur dans toute l'Espagne. La vie y est active, les magasins jolis et bien tenus ; des maisons conservent encore le type arabe ; d'autres, plus modernes, se montrent avec leur balcon vitré ou « mirador » orné comme un boudoir. Le caractère le plus intéressant des habitations de Séville ce sont les « patios » ou cours intérieures qui y sont généralisées plus qu'en aucune autre ville. Le patio est une sorte de salon d'été séparé de la rue par un vestibule ordinairement dallé en marbre blanc et noir, clos par une grille d'une très grande légèreté et aux dessins variés où s'exerce l'imagination d'habiles artisans. Tout autour du patio règne une galerie meublée, formée par des colonnes légères soutenant, à l'étage supérieur, une galerie analogue, mais vitrée. Le patio dallé est garni de fleurs et de plantes vertes ; une fontaine jaillissante en occupe le centre et y entretient une agréable fraîcheur, tandis qu'une toile, tendue l'été au-dessus de la galerie supérieure, l'abrite des rayons du soleil. Chaque maison paraît ainsi donner accès à une sorte de jardin ; cette disposition, bien faite pour reposer l'œil du voyageur, prête un très grand charme aux rues de Séville.

Les jardins de l'Alcazar ne sont pas au-dessous de leur réputation, autant que nous avons pu en juger sous une pluie torrentielle qui nous a empêché d'y prendre des notes. On y montre un énorme oranger planté, dit-on, par Charles-Quint et qui paraît, en effet, fort âgé. En général, les jardins des environs de Séville sont très beaux. Les Robinias y sont fleuris, malgré la saison peu avancée (11 avril), il en est de même des Rosiers de toutes variétés, Banks et Bengale principalement, qui garnissent les maisons et même les arbres. De superbes Orangers, garnis jusqu'à la base de leurs rameaux, chargés de fleurs et de fruits mûrs, embaument l'air, dominés par les troncs columnaires des Palmiers et ceux plus élancés des Eucalyptus. A Séville, de même qu'à Barcelone, le Dattier est utilisé comme arbre d'alignement sur les places publiques, et il en est de même des Orangers, taillés en boule comme les Robinias.

De Séville a Lisbonne (par Badajoz). — La ligne qui va de Séville à Badajoz nous fait traverser de nouveau de grands espaces couverts de Palmiers nains, auxquels s'associent une grande génistée (*Retama sphœrocarpa*), le Garou (*Daphne Gnidium*), les *Cistus salvifolius, Scilla maritima, Asphodelus microcarpus, Cyn ra humilis, Lavandula pedunculata*. Là comme ailleurs dans cette région le tapis végétal est formé de *Poa bulbosa* qui y forme, à cette saison, un gazon ras et uni. Des bois de Pin pignon apparaissent après Villanueva de las Minas, avec une association végétale analogue, où le Palmier nain entre pour une assez grande proportion.

Vers 200 mètres d'altitude, abondent *Cistus ladaniferus*, *Phaca bœtica* portant sur ses racines *Orobanche foetida*, *Thapsia villosa* var. *latifolia*, *Carlina corymbosa*. Plus loin c'est le *Genista hirsuta* qui fournit la note dominante accompagnée de *Pistacia Lentiscus, Myrtus communis, Phlomis purpurea, Rosmarinus officinalis, Anchusa granatensis, Cistus monspeliensis, C. salvifolius, Lavandula Stoechas, Phillyrea angustifolia*.

Après Arenillas (240 mètres), le Palmier nain reparaît, mais clairsemé, parmi quelques Chênes verts dont le sous-bois est composé comme précédemment, mais avec une très forte proportion de *Cistus ladaniferus*, l'arbrisseau dominant de la Sierra Morena.

Nous dépassons Los Labrados (400 mètres d'altitude), où se montrent des bois de Chênes-liège et de Chênes-verts, aux dessous soigneusement cultivés, avec une plus forte proportion de ces derniers ; mais ils sont bientôt remplacés par le Pin pignon. Le train gravit péniblement les contreforts de la Sierra Morena, l'altitude s'élève graduellement ; à 450 mètres nous dépassons un ravin aux bords garnis de Lauriers-roses ; les Oliviers, les Chênes-verts, les Chênes-lièges, alternent avec le Pin pignon, lequel disparaît définitivement vers 460 mètres. Il en est de même du Palmier nain, dont nous apercevons les derniers exemplaires près de la station de Pedroso. On voit toujours percer de place en place, malgré les efforts de la culture, les touffes argentées du *Retama sphœrocarpa*, puis des prés s'étendent, semés çà et là de touffes de Jonc,

émaillés par les superbes ombelles bleues du *Scilla hemisphe-
rica* (1).

C'est à cette même altitude (460^m) que nous apercevons
ici les premiers *Cistus populifolius* encore clair-semés et
associés au Chêne Kermès (*Quercus coccifera*), au *Sarothamnus
grandiflorus* et au *Pistacia Lentiscus*, parmi quelques *Daphne
Gnidium*, *Cistus albidus*, *Phlomis purpurea* et *Mercurialis tomen-
tosa*.

Vers 650 mètres, dominent *Retama sphærocarpa* et *Lavandula pedunculata* dont une forme verdâtre rappelle la *L. viri-
dis* de la Serra portugaise de Mouchique. Ces mêmes espèces
se rencontrent successivement jusqu'au delà de 700 mètres
où se trouvent de grands peuplements d'Yeuses (*Quercus
Ilex*) avec sous bois de Poirier sauvage (*Pirus communis* var.
Mariana), propre à la Sierra Morena.

Nous avons observé l'Olivier, le Grenadier et la Vigne
jusqu'à la plus haute altitude atteinte par la voie ferrée (820
mètres), après quoi l'altitude fléchit, le terrain cesse d'être
accidenté. Aux maquis, aux bois de Chênes verts, succède
presque sans transition un plateau uniforme, couvert de
céréales où abonde la *Linaria hirta*, et de garigues par-
semées de quelques Chênes verts et où dominent l'Asphodèle
(*Asphodelus microcarpus*), avec *Lavandula Stoechis*, *Cynara
Scolymus*, *Daphne Gnidium*, *Cistus crispus*, *Iris Xiphium*,
Pæonia Broteri, *Ferula communis*, *Asparagus acutifolius*,
Thapsia villosa, *Pimpinella villosa*.

A Villafranca (550 mètres), la voie traverse encore de
vieux et importants bois d'Oliviers où apparaissent ça et là
quelques Retama. Les cultures de Fèves, de Lupins, de
Pois chiches, alternent avec les céréales. De place en place
le maquis, sous forme de Cistaie, reprend ses droits ; le *Cistus ladaniferus* y domine uniformément, souvent seul, parfois
associé au *C. monspeliensis*, tandis que dans les clairières, *Lavandula Stachas* et *L. pedunculata*, *Thymus mastichina*, *Aspho-*

---

(1) C'est le *Scilla peruviana* L. dont le nom consacrant une erreur de
géographie botanique, a été changé par Boissier. On sait que la sois-
disant Scille du Pérou est originaire de la région méditerranéenne.

delus microcarpus, *Cistus crispus*, et *Retama sphœrocarpa* cher-
chent à s'établir et à se défendre contre l'invasion des grands
Cistes (*C. ladaniferus*), dont la hauteur, dans cette région,
dépasse souvent 2 mètres.

Nous dépassons bientôt Merida, si célèbre par les vestiges
nombreux de la puissance romaine qui y subsistent encore ;
puis c'est la vallée de Guadiana, renommée pour ses blés et
ses pâturages, mais la nuit tombe et nous oblige à fermer
notre carnet avant d'arriver à la frontière du Portugal.

Lisbonne. — La ville de Lisbonne occupe une superficie
supérieure à 1,500 hectares ; elle est bâtie en amphithéâtre sur
les flancs de plusieurs collines, parmi lesquelles on en distingue sept principales, point de ressemblance avec Rome, dont
le Portugais s'enorgueillit. La ville s'étend ainsi sur une lon-
gueur de 8 à 10 kilomètres le long de la rive du Tage.

Le panorama est vraiment grandiose lorsque le voyageur,
venant de la haute mer, après avoir laissé derrière lui Cas-
caes, la station balnéaire à la mode, pénètre dans le Tage en
louvoyant entre les bancs de sable qui en accidentent
l'estuaire. Au milieu, s'élève un phare fortifié, la tour Saint-
Lourenço de Bugio, en face, sur une pointe de rocher, la
forteresse Saint-Julien concourt avec Bugio à la défense de
l'entrée du port. A droite, la rive gauche formée de falaises
calcaires très escarpées, au bas desquelles se tasse la petite
population de Trafaria, et qui se termine par une large
bande de sables fixés et de dunes mouvantes, dunes que le
service forestier s'efforce de fixer par des semis de pin maritime. A gauche, la rive droite déroule ses beautés comme
un immense cinématographe et montre successivement la
tour de Belem, ce bijou d'architecture gothique manueline,
qui date de 1520 ; le couvent des Jeronymos de Belem, érigé
en l'honneur des découvertes de Vasco de Gama, sur l'emplacement où ce navigateur s'embarqua, en 1497, pour décou-
vrir la route des Indes. Voici les faubourgs de Lisbonne,
Belem et son palais royal, Pedrouços, Alcantara, derrière
lesquels apparaissent, sur les sommets du Monsanto, le palais
royal d'Ajuda, le fort du Monsanto, le cimetière dos Prazeres.

A mi-côte, la verte Tapada d'Ajuda, et, au milieu des maisons aux teintes bariolées, des jardins verdoyants, surgissent çà et là les hauts stipes des palmiers-dattiers et les clochers de nombreuses églises. On distingue d'abord celle des Necessidades, attenant au palais royal de ce nom, demeure actuelle du roi Don Carlos Ier, puis les clochers de l'imposante basilique d'Estrella qui dominent toute la ville. Là se tient en permanence un veilleur chargé de sonner le tocsin dès qu'il aperçoit un incendie ; un nombre convenu de coups indique le quartier, siège du sinistre, où les pompiers se rendent avec célérité sans autre avis. Le grand rideau panoramique se déroule ainsi montrant cet immense amphithéâtre ondulé, chargé de campanilles, de clochers, de clochetons, de palais, de maisons multicolores, parmi lesquelles se détachent encore l'hôtel de l'ambassade de France, l'église de Santos et, sur les sommets des différentes collines, l'église das Chagas (des Plaies), de Santa-Catharina, de San-Vicente, da Penha de França, l'École polytechnique, le vieux castello de Saint-Jorge, fondé par les Romains sous Jules César, restauré et agrandi par les Arabes, puis demeure des rois chrétiens après la conquête.

Le Tage, d'abord resserré à son embouchure, s'élargit tout-à-coup en un vaste lac de 10 kilomètres de largeur, peuplé de nombreux navires, et qui s'étend devant la ville sur un espace considérable. C'est une admirable perspective bornée au loin par la ligne sombre des grandes forêts alemtejanes.

La ville est naturellement très accidentée ; les rues à dénivellement parfois très brusques, sont souvent abruptes et munies d'escaliers. Il en est autrement dans la partie basse de la ville qui occupe, à proximité du Tage, une sorte de delta faisant suite à la vallée, aujourd'hui occupée par l'Avenida da Liberdade. Là, les rues sont tirées au cordeau et se coupent perpendiculairement suivant un plan horizontal, contraste frappant avec les autres rues de la ville. Partout, places et trottoirs pavés en mosaïques blanches et noires (calcaire et basalte), d'un dessin sobre et élégant, réjouissent l'œil par leur propreté ; la vue des maisons, la plupart revêtues de faïences (azuleijos), donne la même impression.

De nombreux jardins privés et publics émaillent la ville de leur verdure et contribuent à en augmenter le charme. Parmi les jardins publics, citons le parc d'Estrella, confié aux soins d'un de nos compatriotes bien connu dans le monde horticole, M. Pissard (l'introducteur du *Prunus Pissardi*). On y remarque surtout de superbes exemplaires d'*Araucaria excelsa*, touffus jusqu'à la base et dépassant 40 mètres de hauteur ; quelques palmiers remarquables, des fougères arborescentes d'une belle venue prospèrent dans un petit vallon bien ondulé à dépression occupée par un petit étang.

Le jardin du Principe Réal, petit, mais bien situé, possède un bel exemplaire d'*Araucaria Cookii* à la silhouette columnaire. Celui de S. Pedro d'Alcantara est un rectangle ou les Palmiers : *Cocos*, *Pritchardia*, *Livistona* dominent. Il est encore d'autres jardins le long des quais du Tage, où peuvent se voir de beaux *Phœnix* encadrés par de verts massifs, là dominent *Myoporum acuminatum*, *Pittosporum undulatum*, *P. Tobira* et les nombreuses espèces d'Acacia de la Nouvelle-Hollande.

N'oublions pas l'Avenida da Liberdade, belle promenade commençant à la Praça dos Restauradores, au centre occupé par un monument commémoratif de la délivrance du Portugal (1640). Des groupes des Palmiers, plantés vers 1885, sont aujourd'hui très beaux et ont pris un grand développement, ainsi que toutes les plantations de cette remarquable avenue. A l'autre extrémité se trouve l'emplacement du parc projeté, dont le plan-projet valut à notre ami, Henri Lusseau, le prix de 12,500 francs. Ajoutons qu'à ce concours, qui fut international, sur quarante projets présentés quatre furent primés, tous quatre présentés par des architectes paysagistes français.

A part les arbres d'alignement de nos pays tempérés, on emploie fréquemment dans le même but le *Schinus Molle* du Brésil, les Figuiers de la Nouvelle-Hollande et des parties tempérées de l'Asie (*Ficus rubiginosa*, *F. macrophylla*, *F. benjamina* et même *F. elastica*) qui acquièrent de grandes dimensions. Il n'est pas rare non plus de voir des *Erythrina* formant de véritables arbres de plusieurs mètres de hauteur, principalement les *E. Crista-galli* et *E. Coralloden tron*.

Dans les jardins les massifs sont fréquemment formés par *Brugmansia candida*, *Cestrum aurantiacum*, *Jochroma tubulosum*, *I. coccinea*, *Freylinia cestroïdes*, *Hibiscus mutabilis*, *H. Patersonii*, *Sparmannia africana*, *Catha edulis*, *Polygala myrtifolia*, *P. grandiflora*, *P. speciosa*, *Malva umbellata*. Le *Jacaranda mimosæfolia* se couvre chaque année de belles panicules bleues simulant un nuage d'azur, le *Poinsettia pulcherrima* étale ses bractées éclatantes, les *Salvia* mexicains (*S. gesneriæflora*, *S. cardinalis*, *S. involucrata* prodiguent leur brillante floraison. Les pentes se revêtent de *Mesembryanthemum* et des tiges sarmenteuses du *Dimorphoteca fruticosa*. Le *Passiflora edulis* donne des fruits comestibles et garnit les murs et les treillages en compagnie du curieux *Phaseolus Caracalla*, des vigoureux *Bougainvillea*, du *Plumbago capensis* et de la légion des *Bignonia*. Il n'est pas jusqu'aux *Pelargonium* qui s'élèvent ainsi à plusieurs mètres le long des murailles à l'aide des autres plantes dont ils empruntent l'appui.

Le jardin botanique de l'Ecole ploytechnique est surtout riche en spécimens remarquables, bien que sa fondation ne remonte pas à plus de vingt-cinq ans (1876-1877), les articles de notre membre correspondant et ami, M. Nardy, et les écrits du regretté Gabriel de Saint-Victor, l'ont suffisament fait connaître, nous n'y reviendrons donc pas, mais ce jardin gagne chaque jour sous l'habile direction d'un autre de nos compatriotes, M. Henri Cayeux.

Parmi les jardins privés, citons celui d'Ajuda, l'ancien jardin botanique, fondé à la fin du dix-huitième siècle. On y remarque de grandes serres et de belles collections, mais son réel mérite, à nos yeux, réside dans les exemplaires qui vivent en plein air. Les murs disparaissent sous les *Bougainvillea*, les *Hibiscus rosa sinensis*, les *Anona*, car le Corossolier (*Anona Cherimolia*) y mûrit ses fruits délicieux ; il en est de même des Bananiers. Ici, c'est un curieux citronnier, de la taille d'un Pommier, appelé Limoeiro do Brasil et produisant à profusion de petits citrons sphériques, très juteux, de la grosseur d'une prune moyenne. Plus loin, un *Murraya brasiliensis* s'élève à plus de 15 mètres, tandis qu'un *Schinus Huygan* du Chili atteint la même hauteur. Citons encore le

Savonnier des Antilles *Sapindus Saponaria*, le *Cassine Mauro-cenia* d'Ethiopie aux jeunes pousses rouge sang, tranchant sur un feuillage rigide et sombre ; l'*Ilex arbutiformis*,le *Cæsalpinia echinata*, l'un des bois de teinture du Brésil ; le *Schottia speciosa*, l'*Oreodaphne fœtens*, l'*Aleurites moluccana*, l'*Opuntia brasiliensis*, tous exemplaires variant entre 6 et 15 mètres, fleurissant et fructifiant. N'oublions pas un bel Olivier du Maroc *(Argania Sideroxilon)*, atteignant une quinzaine de mètres et produisant des fruits en abondance.

La plante la plus remarquable du jardin d'Ajuda est un spécimen de *Dracæ a Draco*, probablement unique en Europe ; On lui attribue plus de cent cinquante ans. Sa hauteur totale n'est que de 6 mètres, mais la tête en a 36 de circonférence, le tronc seul mesure 4^m,65 de hauteur jusqu'aux premières branches, sur un diamètre de 1^m,50. De cet énorme cylindre partent onze branches principales, qui rayonnent horizontalement et se divisent, par dichotomie, en une infinité de rameaux secondaires, lesquels s'épanouissent à leur extrémité en gros bouquets de feuilles. L'ensemble représente un immense parasol, impénétrable aux rayons solaires, de 12^m de diamètre. Ce Dragonnier fleurit chaque année et produit une quantité considérable de graines (environ 50 litres).

Le parc attenant à la résidence royale de Necessidades, planté par les soins du feu roi D. Fernando, est encore aujourd'hui un endroit à visiter pour l'amateur qui s'occupe des questions si captivantes de l'acclimatation. On y voit entr'autres, de grands *Phœnix reclinata*, aux troncs élancés, mesurant 5 à 6 mètres de hauteur, des *Cocos Romanzoffiana* et *Chamærops humilis* d'égale taille. Les *Dioon*, les *Eucephalartos*, les *Cycas revoluta* et même le *C. circinalis*, s'y développent tous bien et y figurent en beaux individus. Le Manguier *(Mangifera indica)* y a mûri ses fruits. Au milieu de cette flore tropicale si curieuse et si variée, s'élève un remarquable Palmier, le *Jubæa spectabilis* ou Cocotier du Chili. Ce *Jubæa* est plutôt imposant que beau ; les formes massives de son tronc énorme, inégal, la raideur de ses frondes, relativement trop courtes et qui forment une touffe hors de proportion avec le stipe, tout cela constitue un ensemble qui étonne. Le stipe mesure à la base 4ᵐ,40 de circonférence ; à un mètre au-dessus du sol, cette circonférence est encore de 3ᵐ,50 et deux hommes ne peuvent l'embrasser. Sa hauteur jusqu'à la base des feuilles est d'environ 8 mètres, ce qui donne avec celle de la touffe, une totalité d'environ 12 mètres. Les feuilles qui mesurent 3ᵐ,50, laissent sur le tronc une cicatrice qui persiste assez longtemps. Cette énorme cocoïnée fleurit pour la première fois en 1885 et n'a cessé depuis de fleurir et de fructifier ; on lui attribue une cinquantaine d'années.

La Faculté de médecine de Lisbonne possède aussi un jardin botanique, fondé en 1851, et planté d'après le système de de Candolle. Entre autres végétaux remarquables on y remarque des spécimens de *Schottia speciosa* et d'*Erythrina Coradlodendron*.

A propos des jardins de Lisbonne, nous ne pouvons passer sous silence le parc de Lumiar, appartenant aux ducs de Palmella. Longtemps confié aux soins éclairés d'un regretté ami, Jacob Weiss, ce parc est planté de grands arbres couverts de lierre rappelant la végétation de nos pays septentrionaux, aux sous-bois d'acanthes semés çà et là d'*Amaryllis Belladona*. Un joli arbuste, *Leptospermum flexuosum*, aux rameaux pendants couverts de miliers de fleurs b'anches rappelle un saule pleureur, mais de dimensions réduites. Un *Franciscea eximia* est ravissant sous sa parure de fleurs changeantes. De grands *Grevillea robusta* de 20 à 25 mètres de hauteur se couronnent de quantités de fleurs jaunes, puis ce sont des conifères : *Cupressus Montezumæ*, *Sequoia sempervirens*, *Araucaria Cookii*, *A. Cunninghami*, *A. excelsa*, *A. Bidwilli*, des *Podocarpus*, des *Casuarina*, etc., etc.

La plupart des Araucarias donnent des fruits fertiles ; il en est de même des Palmiers qui sont représentés par de beaux spécimens : *Areca sapida*, *Cocos* variés, *Latania borbonica*, *Seaforthia elegans*, *Sabal* variés, *Corypha australis*, *Phœnix*, tous chargés de lourds régimes de fruits de teintes et grosseurs diverses. Là aussi nous admirons un énorme *Dracæna Draco* dont le tronc, de 7 mètres 50 de haut sur 3 mètres 50 de tour, supporte une tête de 20 mètres de circonférence. D'autres espèces de *Dracaena*, entre autres le *D. congesta* est représenté par une touffe d'au moins trente tiges surmontées d'une panicule de fleurs violacées. Des *Strelitzia augusta* s'élancent à 7 mètres de hauteur fleurissant et donnant des graines mûres. Citons encore, pour conclure, parmi les arbustes fleurissant et fructifiant, le *Pilocarpus pinnatifolius*, le fameux Jaborandi du Brésil.

De Lisbonne a Cintra. — Nous avons vu que les jardins de Lisbonne et des environs sont pleins d'intérêt pour l'horticulteur ; le botaniste y trouve aussi une source abondante d'intéressantes observations. Le sol calcaire y nourrit une flore variée où dominent les espèces ibériques ou ibéro-mauritaniennes, où les espèces endémiques abondent. Il en est de même des terrains siliceux représentés par le basalte, les grès, les sables quartzeux. Ce dernier terrain occupe une très grande superficie sur la rive gauche du Tage, où le sol calcaire est surtout représenté par la ligne de falaises qui enserre l'entrée du Tage et par la chaîne de l'Arrabida, dernier refuge vers le N. W. du Palmier nain et du Caroubier (1).

Avant de quitter Lisbonne, notons que les murs de la ville, les toits des maisons, sont envahis par une végétation parasite ; on y remarque entr'autres quelques bonnes espèces, nous les énumérons par ordre de fréquence.

Diplotaxis virgata,	*Mercurialis ambigua,*
Conyza ambigua,	*Umbilicus pendulinus,*
Centranthus Calcitrapa,	*Lamarkia aurea,*
Urtica membranacea,	*Phagnalon saxatile,*
Scleropoa rigida,	*Calendula malacitana.*

Les interstices des pavés des rues peu fréquentées ou le pied des maisons, verdissent sous un tapis parfois serré de *Soliva lusitanica.*

(1) J. Daveau, le *Palmier nain et le Caroubier* (*Annales de la Société d'horticulture et d'histoire naturelle de l'Hérault*, 1899).

Aux portes de Lisbonne, le parc royal appelé Tapada d'Ajuda est en grande partie couvert d'énormes Zambujeiros ou oliviers sauvages (*Olea Oleaster*) entremêlés de gros spécimens de *Phillyrea latifolia*. C'est la forêt, telle qu'elle existerait sans doute encore aujourd'hui aux environs de Lisbonne si elle eût été partout protégée. Le sous-bois y est formé de *Retama sphœrocarpa*, dont les tiges servent de support au *Smilax mauritanica* et surtout au *Myrsiphyllum asparagoïdes*, cette gracieuse asparaginée si employée aujourd'hui pour la décoration des tables. Cette espèce est originaire du cap de Bonne-Espérance, elle abonde aujourd'hui dans tous les sous-bois protégés des environs de Lisbonne. Une autre plante du Cap (*Oxalis cernua*) véritable fléau, envahit les cultures qu'il transforme, aumoment de la floraison, en véritables prés dorés.

Sous les Oliviers et les Philarias, fleurissent : *Narcissus stellatus, Aceras longibracteata, Anacamptis pyramidolis, Colchicum lusitanicum, Asparagus albus, A. aphyllus, Arabis lusitanica, Ophrys bombyliflora.* Un peu plus loin les arbres ont disparu, le *Cistus monspeliensis* domine ; autour de lui s'étend un tapis d'*Omphalodes linifolia* et, çà et là, *Thymus capitatus, Cistus crispus, Daphne Gnidium, Ophrys Scolopax, O. tenthredinifera, Erodium primulaceum, Corbularia obesa, Iris Sisyrinchium, Ranunculus bullatus, Malva hispanica, Onobrychis eriophora.*

Des champs d'orge, de blé, protègent un certain nombre de plantes messicoles :

Fumaria spicata,	*Centaurea pullata,*
— *parviflora,*	*Specularia hybrida,*
Silene fuscata,	*Euphorbia ptericocca,*
— *rubella,*	*Allium nigrum,*
Buplevrum pr tractum,	*Phalaris minor,*
Valerianella discoïdea,	— *paradoxa.*
— *microcarpa,*	

Un peu plus loin, les grès de Bellas, peuplés de Pin pignon, présentent une flore où dominent les lavandes de la silice

(Lavandula Stæchas), de nombreux Thyms *(Thymus capi-
tellatus, T. villosus)*, l'*Halimium halimifolium*, le *Genista
triacanthos*. Une grande graminée très ornementale, *Stipa
(Macrochloa) arenaria*, y balance ses hautes panicules dorées.
Cette même flore se retrouve légèrement modifiée dans les
terrain siliceux de l'Alemtejo ; on y voit intervenir les *Ptero-
partum*, les *Stauracanthus*, divers *Halimium*, le *Drosophyllum
lusitanicum*, cette curieuse Droséracée des terrains secs et
une quantité d'autres espèces caractéristiques.

Nous gagnons toujours vers l'ouest ; les collines calcaires
reparaissent et avec elles *Euphorbia Welwitschii, Pæonia
Broteri, Calamintha baetica, Teucrium fruticans, Nepeta tube-
rosa, Ulex australis, Buplevrum paniculatum*. Ici le *Convolvulus tricolor* estompe d'une teinte vague d'un bleu faïence,
les pentes d'une colline dont les arêtes se dorent sous l'abondante floraison de l'*Ulex densus* et du *Genista Welwitschii*. Là
le joli *Ionopsidium acaule*, constelle le gazon ras de la garigue,
peuplée surtout d'Asphodèle *(Asphodelus lusitanicus)*, de
Chêne Kermès *(Quercus coccifera)* et de *Daphne Gnidium*, au
milieu desquels l'*Arizarum vulgare* montre ses fleurs bizarres,
comparées à une lampe antique. Déjà, le long des chemins,
apparaissent diverses espèces de Pelargoniums échappés des
jardins et naturalisés sur les talus de la route, nous approchons de Cintra, dont la silhouette déchiquetée propre aux
montagnes granitiques domine, à l'horizon, les collines
environnantes.

CINTRA. — La pittoresque ville de Cintra, située à 27 kilomètres de Lisbonne, est assise à mi-côte sur le flanc d'une
montagne très boisée et constituée en grande partie par un
affleurement de roches éruptives. Les parties plus friables,
désagrégées par une lente décomposition, laissent à nu
d'énormes blocs aux contours arrondis, entassés en superpo-
sition désordonnée, quelquefois maintenus en l'air par un
miracle d'équilibre. De nombreux ruisseaux, alimentés par
les nuages qui se condensent sur les sommets de la Serra,
rafraîchissent l'atmosphère, considérablement adoucie déjà

par le voisinage de l'Océan. L'humidité de l'air est, du reste,
décelée par les arbres, Châtaigniers, Chêne pédonculé, Chêne
liège occidental *(Quercus occidentalis)*, dont les troncs, mais
surtout les branches, disparaissent sous une opulente parure
de fougères, parmi lesquelles dominent *Davallia canariensis*
et *Polypodium vulgare*, fougères qui, pendant l'hiver, rem-
placent le feuillage absent. De nombreuses mousses, mais
surtout des Lichens *(Evernia, Usnea)*, pendent des rameaux
comme de séniles barbes incultes et ajoutent à l'ensemble
une note bizarre d'un curieux effet. On y remarque aussi
le Chêne-liége d'Aquitaine *(Quercus occidentalis)* qui n'est
qu'une forme de notre Chêne-liége, adaptée au climat occidental (1).

Parmi de nombreux arbustes, l'Azereiro (*Prunus lusitanica*),
de la région montagneuse du N. W. de la péninsule semble
bien être spontané. Avec lui croissent *Arbutus Unedo, Cistus hirsutus, C. salviæfolius, C. populifolius;* plusieurs Génis-
tées telles que *Sarothamnus Wellwitschii, S. patens, Pterospartum cantabricum, Adenocarpus intermedius,* un *Myrica* des
Açores (*M. Faya*), plusieurs espèces de bruyères (*Erica arborea, E. lusitanica, E. mediterranea, E. australis*), tandis
que la végétation herbacée est représentée par *Ranunculus
adscendens, R. Hollianus, Thymus villosus, T. lusitanicus,
T. silvestris, Silene longicilia, Leucanthemum silvaticum,
Deschampsia stricta, Aira multiculmis, Tuberaria vulgaris,
Chæturus prostratus,* etc. De même que les arbres, les roches
granitiques sont revêtues d'un épais tapis de *Jungermannia*
de rhizomes de Polypode et de *Davallia canariensis,* tandis que
dans les fentes suintantes de ces mêmes blocs s'abritent :
*Asplenium Hemionitis, A. Trichomanes, A. lanceolatum, A. acu-
tum, Cistopteris fragilis, Trachelium cœruleum* et, çà et là,
dans les parties sèches, de larges touffes d'*Armeria latifolia*.

Sur le bord des ruisseaux et cascatelles, souvent recou-
verts par les frondes prolifères des *Woodwartia radicans*,
s'enracinant d'un bord à l'autre, croissent quelques bonnes
espèces; on chercherait vainement ailleurs le *Trichomanes*

____

(1) *Annales de la soc. d'Hort. de l'Hérault*, 1899.

speciosum et le *Carex Camposii* ; une grande Centaurée (*Centaurea uliginosa*) élève ses longues tiges bien au-dessus des buissons qui protègent de leur ombre : *Anagallis tenella, Pinguicula lusitanica, Pedicularis lusitanica, Blechnum sp cant*.

La végétation horticole de Cintra n'est pas moins intéressante à inventorier que la végétation spontanée dont nous venons de donner un très succint aperçu.

Près du château royal da Pena, ancien couvent posé comme un nid d'aigle sur un des pics les plus élevés de la Serra et transformé aujourd'hui en résidence princière, on peut voir de véritables bois de Camelias dont les graines abondantes germent sur le sol. Les Azalées, les Rhododendrons, les Bégonias, de grosses touffes de *Ruellia maculata* et d'Hortensias leur servent de sous-bois.

Au bord des ruisseaux, des pièces d'eau, prospèrent de superbes spécimens de fougères arborescentes : *Cyathea* au stipe élevé, *Alsophila* à la frondaison superbe de vigueur et de santé. On en voit, du reste, un peu partout à Cintra ; nous en avons vu des spécimens pleins de promesses à Quinta Velha, propriété confiée aux soins de M. Nogré, notre ami et compatriote, qui a su établir et faire prévaloir, dans ce coin privilégié du Portugal, comme autrefois à Condeixa, près de Coimbre, la suprématie de l'art jardinique français. La plus belle plantation de fougères arborescentes est cependant à Montserrate, propriété située dans l'un des plus beaux vallons de le Serra de Cintra.

Que l'on se figure une chute d'eau d'environ trente pieds, se précipitant d'un enrochement naturel peuplé de *Dracæna indivisa* et se frayant passage au milieu d'un fouillis de *Cyperus Papyrus*, de *Richardia æthiopica*, d'*Hedychium coronarium*, et de Bambous variés. L'eau s'échappe en cascade et s'enfuit dans le vallon qui, vu de la hauteur, semble couvert d'un immense et riche velum de dentelles. De cette inimitable nappe ajourée, émergent comme autant de crosses épiscopales une quantité de jeunes frondes commençant à dérouler leur opulent feuillage, pendant qu'au-dessus, dominant le tout, de gigantesques Eucalyptus aux troncs droits et lisses, à la ramure chargée de Cobæas, de Passiflores, de Tacsonias, de

Bignonias, de Fuchsias et autres lianes complètent l'illusion
d'une forêt tropicale.

Si l'on pénètre dans le vallon, sous le couvert, on se trouve
en présence d'une véritable forêt de Fougères arborescentes
constituée par des centaines de spécimens d'une hauteur variant entre 2 et 6 mètres. Nous y notons principalement *Cyathea medullaris*, *C. arborea*, *Dicksonia antarctica*, *Alsophila
australis*, *Cibotium princeps*, etc., représentés par un grand
nombre de spécimens.

Le tapis végétal formé par des Selaginelles *(S. Kraussiana,
S. denticulata)* est émaillé de *Begonia Rex*, *B. zebrina*, *B. me-
tallica* et parsemé çà et là de Fougères herbacées : *Lomaria,
Polypodium, Allantodia, Pteris, Woodwardia*, etc. C'est un
véritable enchantement, une fête pour les yeux du visiteur
qui a besoin d'un effort d'imagination pour bien se persuader
qu'il n'est pas au Brésil, mais bien dans un coin privilégié de
la vieille Europe.

Les Fougères ne sont qu'une des curiosités végétales de
Cintra ; les Palmiers aussi y prospèrent merveilleusement,
témoins les *Seaforthia elegans*, les *Areca sapida*, les Lata-
niers, les *Phœnix, Sabal, Rhapis* chargés de leurs régimes de
fleurs ou de fruits. On y voit aussi de belles Cycadées *(Cycas
circinalis, C. revoluta, Eucephalartos, Macrozamia)*, mais en
revanche les *Pritchardia* y sont moins beaux qu'à Lisbonne,
ces indigènes des régions sèches du Colorado trouvant le sol
de Cintra trop léger, l'atmosphère décidément trop humide.

Ici comme à Lisbonne les Conifères sont représentés par
d'imposants Araucarias s'élevant à une centaine de pieds de
hauteur et représentés par la plupart des espèces connues. Les
*Cunninghamia sinensis, Dacrydium cupressinum, Cryptomeria
elegans, C. japonica, Phyllocladus trichomanoides*, la série des
Podocarpus, des *Cupressus*, les *Dammara* et une foule d'autres
Conifères y sont représentés par de beaux sujets. Nous lasse-
rions la patience du lecteur si nous entreprenions d'énumérer
les Myrtacées innombrables *(Collistemon, Eugenia, Metrosi-
deros, Tristania, Melaleuca, Beckea)* les curieuses Protéacées
(Rhopala, Banksia, Grevillea, Hakea) les gros *Ficus*, les *Strelitzia* parés de leur immense éventail de feuilles ; les Fuchsias

et les Rosiers s'élancent à l'envie à l'assaut des grands arbres, les *Rhododondron* peuplent les vallées. Les *Agave, Yucca, Fourcroya, Aloe* ont aussi leur coin privilégié : une falaise bien ensoleillée rappelant le Mexique leur patrie. Enfin c'est à Cintra, dans un endroit élevé et bien aéré qu'il nous a été donné de voir plusieurs exemplaires bien venus du curieux *Leucadendron (Protea argentea)* au feuillage brillant et satiné comme une étoffe soyeuse, si chatoyant sous la brise que ces arbres sont ici désignés sous le nom d'arbre d'argent (Arvore da Prata).

Il nous faut cependant conclure, fermer notre carnet et poursuivre notre route, bien à regret, car nous n'avons pu voir qu'une partie des richesses végétales de la Serre de Cintra.

De Lisbonne a Coimbra. — Après les premières stations suburbaines, la ligne s'engage dans un pays fertile où l'on cultive surtout la Vigne et l'Olivier. Ces derniers, qui abondent dans cette partie du pays, donnent leur nom à la ville d'Olivaes, nous en verrons plus loin d'immenses plantations aux environs de Thomar, de Santarem et de Torres-Novas.

L'immense lac formé par le Tage près de son embouchure, la mer de Paille, comme on l'appelle ici, apparaît de nouveau, la vue s'étend au loin, et c'est à peine si l'on découvre la rive opposée où les forêts de Pins (*P. Pinea* et *P. Pinaster*) dessinent une ligne sombre finement estompée. Nous sommes dans le pays des « lezirias » et des « campines », pays plat, irrigué et très fertile. Des salines s'étendent sur le bord du fleuve, les marées se faisant sentir jusqu'à une assez grande distance en amont.

Laissant la ligne d'Espagne sur notre droite, la machine nous emporte directement vers le nord. La nature siliceuse du terrain nous est dénoncée par les grandes forêts de Chênes-Liège et de Pins maritimes qui s'étendent autour de nous. La Vigne reparaît aux environs de Thomar, et avec le sol calcaire, les peuplements d'Oliviers et de Chêne portugais (*Quercus lusitanica*). dont nous traversons jusqu'à Coïmbre la région forestière. Outre l'huile et le vin, les principales cultures consistent en blés, orge, seigle, maïs, lin. Les fruits, principalement les Oranges, abondent en Estremadure, pays submontagneux, aux vallées abritées, fraîches et fertiles. Les garigues couvrent une grande partie des sommets, mais en outre des vallées, la culture s'est emparée des plaines et des pentes douces des collines. C'est une région viticole par excellence produisant des crus blancs et rouges très appréciés.

Coïmbra, la vieille ville universitaire, apparaît enfin bâtie en amphithéâtre sur le flanc d'une colline escarpée, qui domine sur la rive droite du Mondego, une plaine fertile couverte de Vignes, d'Oliviers et d'Orangers. Çà et là, en relief, quelques mamelons et collines couverts de Pins ou de garigues ; lieux d'herborisations classiques, riches en plantes rares, localités souvent citées dans son *Flora lusitanica*. par Brotero, le grand botaniste portugais, qui fut longtemps professeur à Coïmbre.

Coïmbre. — Coïmbre est le siège d'une Université justement célèbre et dont la fondation remonte à 1290. C'est de toutes les villes du Portugal celle à laquelle se rattachent le plus grand nombre de traditions ; elle possède, du reste, une physionomie incontestablement personnelle et originale. Depuis plusieurs siècles, le costume des étudiants s'est conservé le même et c'est vraiment peu banal de voir par toute la ville ces jeunes gens enveloppés d'un grand manteau noir très ample (capa), coiffés d'un bonnet de même couleur (batina), long et pendant sur l'épaule ; beaucoup d'entre eux vont nu-tête. Les femmes du peuple portent une sorte de châle drapé en sautoir ; elles en rejettent l'extrémité sur l'épaule gauche d'un geste familier qui ne manque pas d'une certaine crânerie. Elles portent généralement les fardeaux sur la tête ; parfois c'est une amphore de forme antique dans laquelle elles viennent de puiser de l'eau au Mondego, et on les voit s'avancer, portant cette cruche en équilibre avec une aisance qui n'est point sans grâce.

Nous ne parlerons ni de la bibliothèque, très riche en livres, superbe salle à colonnades, à chapiteaux dorés, à peintures, à moulures anciennes ; ni de l'Université, de ses salles historiques, de son important Musée ; ni des églises, toutes très

curieuses et très anciennes, toutes pleines de documents historiques. La vieille cathédrale entre autres, construite dans le
style byzantin, serait contemporaine des Goths, puis aurait été
convertie en mosquée lors de la domination arabe.

Nous arrivons au jardin botanique, dont la fondation ne
remonte guère qu'à 1773. L'aimable et savant directeur, le
docteur Julio Henriques, n'est pas un inconnu à Montpellier ;
il en fut l'hôte lors des fêtes du septième centenaire de notre
Université, et il a laissé dans l'esprit de beaucoup de nos
confrères le plus agréable souvenir. Sous sa conduite, nous
revoyons ce jardin et ses beautés végétales. Un salut en
entrant à Brotero, assis sur son fauteuil, portant la robe et
la toge de docteur, puis nous nous rendons de suite aux serres
pour y revoir la rarissime *Welwitschia mirabilis*, unique exemplaire vivant en Europe, d'une étrange Gnétacée de l'Afrique
occidentale portugaise (Mossamèdes). La plante adulte consiste en une sorte de souche énorme, tabulaire, portant pour
tout organe deux longs appendices foliacés, opposés, d'une
consistance de cuir ; les cônes se montrent sur la périphérie
de cette souche, près de l'insertion des feuilles.

Un de nos correspondants les plus regrettés, M. Gabriel de
Saint-Victor a jadis publié dans nos *Annales* une note sur le
jardin de Coïmbre nous engageons nos lecteurs à s'y repor-
ter (1). Bornons-nous à dire que les *Eucalyptus* et en général
toutes les Myrtacées néo-hollandaises, les *Araucaria*, les *Persea*, les *Camphora* représentés par de superbes spécimens y
fructifient très bien. Il en est de même de nombreuses espèces appartenant aux Canaries, au Chili, au Mexique, au Brésil, aux Indes orientales, etc. Les Palmiers y sont également
très bien représentés. Notre ami M. F. Moller, excellent pra-
ticien doublé de botaniste, en est depuis vingt-sept ans le
Jardinier-Inspecteur.

De Coïmbre a Porto. — A environ 20 kilomètres de Coïmbre se trouve la célèbre forêt de Bussaco qui renferme de
gigantesques et séculaires *Cupressus glauca*. Une étude de **M.**

(1) G. de Saint-Victor. *Le Jardin botanique de Coïmbre*, 1890.

J. Henriques (1) fait remonter l'âge de ces arbres au commencement du dix-septième siècle. On sait que Tournefort, au cours d'un voyage en Portugal (1689., trompé par la taille déjà extraordinaire de ces arbres, les crût indigènes et leur donna le nom de *Cupressus lusitanica*. A l'époque où nous les avons vus (1881), ces arbres atteignaient 40 mètres de hauteur et près de 2 mètres de diamètre à hauteur d'homme.

Avant de quitter la vallée de Mondego, rappelons qu'elle forme la limite naturelle de deux grandes subdivisions forestières. Le Chêne pédonculé assez répandu au N. de cette vallée ne se retrouve plus qu'à l'état de vraie rareté au S. de cette limite. Avec lui disparaissent un certain nombre d'espèces comme : *Ilex Aquifolium, Berberis vulgaris, Alliaria officinalis, Potentilla Anserina, P. Fragariastrum, Rhamnus Frangula, Spiræa Ulmaria, Glaux maritima, Daboecia polifolia, Armeria elongata*, etc., propres au N. et au NW. de l'Europe. D'autre part, cette même vallée du Mondego constitue, dans cette partie du pays, la limite boréale du Chêne portugais, et d'un très grand nombre d'espèces méditerranéennes, notamment de la plupart des Cistes, Thyms, *Ulex, Armeria, Phlomis, Sideritis, Teucrium, Trifolium, Ononis*, etc., plantes qui sont la caractéristique de la flore du centre et du sud de ce pays.

La voie ferrée se dirige vers le N. traversant un pays accidenté, coupé de cours d'eau et de ravins ; c'est le bassin du rio Vouga et de ses affluents. La serra de Bussaco disparaît déjà derrière nous ; à droite s'élève la serra du Caramulo où se trouvent des ruisseaux bordés de *Rhododendron*. C'est le *R. bæticum*, bel arbuste voisin du *R. ponticum*, répandu sur le bord des ravins des montagnes de l'Andalousie et du S. du Portugal.

La voie se rapproche sensiblement de l'Océan jusqu'à le côtoyer de si près qu'il semble que le train va être atteint par la lame. Près Valladares le *Senecio scandens* du Cap de Bonne-Espérance, tout à fait naturalisé, envahit les haies à la façon des Bryones. Nous arrivons à Villa-Nova de Gaya, faubourg de Porto, sur la rive gauche du Douro dont Porto occupe la rive droite.

(1) *Revue horticole*, 1885, p. 534.   3

Porto. — Comme Lisbonne, comme Coïmbre, Porto est bâtie en amphithéâtre sur le bord d'un fleuve. Encaissé par de hautes collines, le Douro baigne le pied de la ville et son embouchure est un des ports les plus commerçants du pays. Un pont d'une hauteur considérable relie les deux rives. Ce pont, dont le tablier est à 61 mètres au-dessus du niveau du fleuve, développe 353 mètres entre culées, la travée centrale est formée d'un arc de 160 mètres d'ouverture et de 42 m. 50 de flèche. La ville occupe les pentes et les vallons de deux collines granitiques, les rues en sont escarpées. Aussi les transports se font-ils à l'aide bœufs d'une force remarquable, quoique de petite taille, et dont la tête intelligente est ornée de cornes démesurées. Le joug est une sorte de haut tableau. capricieusement sculpté à jour et les chars sont des plus primitifs. Ce char repose par une enfourchure sur un essieu rond, faisant corps avec les roues et tournant avec elles en faisant entendre un aigre grincement. Ces roues pleines semblent avoir été découpées dans un tronc d'arbre, bien qu'elles soient en réalité composées de pièces assemblées. Ces attelages ne sont pas une des moindres curiosités du Portugal. A Porto, on ne les voit pas sans étonnement, escalader les quais de déchargement inclinés à 30 ou 35 centimètres par mètre et gravir la pente, sans effort apparent, avec une charge qui n'est pas inférieure à 1.800 kil. , sur un sol dallé offrant peu de prise à leur pied ferré. Le service public est assuré par des tramways électriques, dont le type moderne présente un singulier contraste, avec l'aspect archaïque de ces chars mérovingiens et des fiacres attelés de mules. La ville est très animée ; beaucoup de rues sont larges et belles, les places et jardins bien plantés. Le parc du Palais de Crystal offre d'admirables vues sur la ville, sur le fleuve si pittoresque dans son encaissement de rochers, sur le port et la campagne verdoyante. Il est planté de hauts Araucarias comme il s'en rencontre dans les principales villes du Portugal. Le sol granitique permet la formation de massifs d'Azalées et de Rhododendrons. A Porto les Camelias atteignent la taille d'arbres d'alignement, nous en avons vu dans cet emploi ombrageant les allées d'un cimetière ; parfois aussi, c'est le *Persea indica*, connu sous le nom de Vinhatico. Mentionnons encore les Acacias de la Nouvelle Hollande et tout spécialement l'*A. Melanoxylon*, exemplaires énormes simulant au loin d'énormes Chênes-verts. Nous ne parlerons que pour mémoire des gigantesques *Eucalyptus* et des *Acacia dealbata* vraiment superbes avec leur feuillage blanchâtre plumeux et léger, aux fleurs dorées et floconneuses qui lui donnent l'apparence d'une pyramide de neige poudrée d'or.

Le jardin botanique, dirigé par notre ami le professeur Gonçalo Sampaio, renferme quelques plantes intéressantes. Nous y avons noté un bel exemplaire de *Pittosporum eugenioides*, des Cistes hybrides (*Cistus populifolio* $\times$ *salvifolius* = *C. Corbariensis* Pourret) et le curieux *Drosophyllum lusitanicum*, cette droseracée des terrains secs si rebelle à la culture. M. Gonçalo Sampaio est un botaniste ardent et convaincu ; il communiquera à ses élèves dont nous avons vu de bons travaux, le feu sacré qui l'anime. Un autre botaniste de nos amis, M. Edwin Johnston, est honorablement connu par ses publications sur la flore des environs de Porto, qu'il a, plus que personne, contribué à faire connaître.

DE PORTO A SALAMANQUE. — A Porto, comme à Cintra, l'humidité athmosphérique se manifeste clairement par l'abondance des lichens couvrant l'écorce des arbres et parmi lesquels se distinguent les longs filaments de l'*Usnea barbata*.

La ligne fuit entre les murailles de schistes ; de place en place des échappées laissent apercevoir la Pinède, presque totalement composée de pins maritimes, et quelques rares individus de Pin pignon reconnaissables à leur cîme arrondie. Les *Genista triacanthos, Sarothamnus grandiflorus, Ulex europæus, U. lusitanicus* couverts de fleurs à cette époque de l'année (avril) disparaissent sous leur parure dorée. La Carqueja (*Pterospartum cantabricum*) domine dans la lande, couverte, à cette saison, d'un tapis bariolé de nombreuses fleurs, parmi lesquelles nous reconnaissons : *Scilla monophyllos, Lithospermum fruticosum, Daboecia polifolia, Cistus hirsutus, Adenocarpus intermedius, Carlina corymbosa, Helianthemum Tuberaria, Thymus cœspiticius*.

Des champs de seigle, des prés où dominent *Holcus lanatus*, *Echium plantagineum*, *Chrysanthemum Myconis*, interrompent de temps en temps l'uniformité de la lande, tandis que le *Pteris aquilina* foisonne dans les dépressions et dans le fond des vallées, aux flancs boisés de *Quercus pedunculata*, d'*Alnus glutinosa* et d'*Acer pseudo Platanus*.

Bientôt le granit fait place aux schistes, l'ardoise se voit partout ; tantôt elle sert de toiture sous forme d'énormes dalles ; d'autres fois ce sont des monolithes dressés pour supporter les treilles, tandis que les débris, inutilisables, forment les murs en pierre sèche. Les vignes sont ici cultivées en treilles inclinées comme des toits, mais plus loin elles grimpent sur les arbres plantés et taillés spécialement à cet effet. Ce sont le plus souvent des chênes (*Quercus pedunculata*) ; d'autres fois ce sont des Saules, des Cerisiers, des Micocouliers ; tous ces arbres ont reçu, par la taille, une forme en gobelet à centre évidé. On les voit ainsi ornés de pampres, bordant les ruisseaux ou, le plus souvent, délimitant les contours des propriétés lesquelles, sont morcelées et de dimensions réduites, dans cette contrée très peuplée. A Paredes, nous voyons un timide essai de palissage de la vigne sur fil de de fer, mais ce système ne paraît pas encore avoir prévalu. Dans toute cette région, l'olivier est rare ; l'humidité athmosphérique en est évidemment la cause. Contre les pluies fréquentes, les gens du peuple, les rouliers principalement, utilisent un ample manteau nommé *palhoça*, fait en une sorte de jonc, et qui fait ressembler son homme à une ruche ambulante. Ce pittoresque vêtement est d'un usage assez général sur tout le littoral.

Avec le granit apparaissent les grands buissons, couverts de fleurs blanches, du *Cytisus albus*, se détachant bien au milieu des *Adenocarpus intermedius* aux grappes jaunes érigées. A la gare de Penafiel nous revoyons quelques arbres exotiques : *Catalpa syringæfolia*, *Melia Azedarach*, *Acacia dealbata*, *Eucalyptus*. Plus loin, des *Cerisier*, Peupliers, Micocouliers, ainsi que des Chênes, non plus en gobelets mais en hautes tiges, aux rameaux envahis par les vignes, limitent des prés bien verts, mais toujours de dimensions réduites.

La voie ferrée se maintient toujours à une faible altitude, à peine 250 mètres à 300 mètres au-dessus du niveau de la mer. Dans la pinède se montrent maintenant *Halimium occidentale, Helianthemum Tuberaria, Ornithopus compressu*, etc., l'*Anarrhinum duriminium* abonde sur les escarpements granitiques avec *Astrocarpus Clusii, Arenaria montana, Halimium occidentale*, cistinée de la zone montagneuse où elle atteint parfois l'altitude de 1.500 mètres.

Après Livraçaõ, quelques Erables (*Acer pseudo Platanus*), se montrent encore parmi les Pins ; sous ce couvert domine exclusivement le *Cistus hirsutus*, le seul ciste dont la distribution géographique soit limitée au versant atlantique, il cède plus loin la place à l'*Ulex europæus*.

Déjà *Daphne Gnidium, Cistus salviæ folius, Lavandula pedunculata, Lupinus hispanicus*, premiers indices d'un changement de climat s'associent au *Cytisus albus*, puis deviennent de plus en plus fréquents. Nous sommes en effet sur la limite de deux régions naturelles ; laissant derrière nous le pays cismontain, l'une des régions les plus humides de l'Europe, nous abordons la région transmontaine, pays sec, abrité des vents de la mer par la haute chaîne de montagne qui semble couper perpendiculairement la vallée du Douro. La ligne contournant la base de la Serra de Maraõ suit, en la remontant, la rive droite du Douro. Désormais, les arbres qui caractérisent l'Alemdouro littoral : le Pin maritime, l'Aulne, l'Erable et surtout le Chêne pédonculé ont disparu. Avec la province de Tras-os-Montes, l'Olivier, l'Amandier, le Figuier deviennent plus fréquents, les Orangers reparaissent. En même temps la culture de la vigne se modifie pour ainsi dire subitement ; plus de vignes dans les arbres, disposition qui prêtait un si grand charme à la région précédente, mais une culture à flanc de coteau, où des murs en pierres sèches retiennent les terres et limitent de petites parcelles de quelques mètres de largeur ; nous sommes dans l'Alto-Douro. Dans ces vignes en gradins se récolte le fameux vin de Porto, dont la réputation est universelle, tandis que les vignes suspendues aux arbres de l'Alemdouro littoral ne donnent qu'un vin clairet très apprécié néanmoins sous le nom de « Vinho verde », vin vert.

La voie ferrée suit constamment la vallée du Douro sans jamais abandonner le bord du fleuvo, et sous nos yeux se déroule un paysage toujours renouvelé et délicieusement pittoresque. De singulières barques descendent et remontent le cours tumultueux du Douro : ces embarcations pleines de fûts de vin portent à l'arrière une plate-forme élevée où se tient le pilote. Armé d'une unique et longue rame qui lui sert de gouvernail, il rappelle à notre esprit les gondoliers de Venise ; pour remonter le courant, toujours très rapide, le batelier s'aide de la voile et du hallage.

Après Pezo da Regoa, le caractère transmontain s'affirme de plus en plus ; il se manifeste ici par l'apparition et la prédominance du *Pistacia Terebinthus*, accompagné du *Rumex scutatus*, de l'*Euphorbia madritensis*. Les *Opuntia* se montrent de nouveau sur les talus, la *Retama sphœrocarpa* si commun dans le sud de la Péninsule, principalement en Andalousie, abonde partout et de nouveau l'on voit s'étendre de vastes plantations d'Oliviers et d'Amandiers. En même temps, des touffes de *Securinega buxifolia* et de *Tamarix gallica* surgissent entre les pierres qui jonchent le lit du Douro ou qui en hérissent les rives. C'est bien la flore ibéro méditerranéenne avec *Rhus Coriaria*, *Retama sphœrocarpa*, *Olea silvestris*, *Lavandula pedunculata*, *Myrtus communis*, *Pistacia Lentiscus*, *Jasminum fruticans*, *Sarothamnus eriocarpus*, les Cistes, le *Phagnalon saxatile*, etc, En même temps le Chêne vert devient de plus en plus fréquent, ainsi que le Micocoulier *(Celtis australis)*.

Piorneira, nom de la localité que nous atteignons, indique la présence du *Retama sphœrocarpa*, en portugais « Piorno ». Cette Génistée abonde, en effet, et avec elle *Juniperus communis*, *Cistus monspeliensis*, *Lavandula pe tunculata* forment le fond de la végétation spontanée jusqu'auprès de Foz-Coa. Cette dernière espèce remplace, dans toute cette région, le *Lavandula Stoechas* dont il est très proche parent.

Le phylloxera a ravagé tout ce pays autrefois si prospère, mais la reconstitution tentée par quelques propriétaires marche lentement. La pente extrême des coteaux, le morcellement, la nature du terrain très rocheux dans lequel les outils aratoires sont fréquemment remplacés par la barre à mine, rendent cette opération très coûteuse. D'après le dire d'un propriétaire, cette replantation revient, dans ces terrains, à 800.000 reis le millier de plants, soit environ 4.000 francs de notre monnaie.

Nous roulons depuis quelque temps déjà sur la rive gauche du Douro, que nous n'abandonnerons désormais qu'à la frontière. De nombreux moulins « Azenhas », sont successivement mis à découvert par la baisse des eaux. Établis dans le lit même du fleuve, près de barrages naturels ou artificiels, ces moulins sont seulement utilisés lorsque les eaux sont relativement basses. Au retour des crues les roues sont démontées et les meules abandonnées dans le lit du fleuve jusqu'au retour de la saison propice.

Nous voici à Barca d'Alva, c'est la frontière, c'est de nouveau l'Espagne. Nous laissons à regret les pittoresques rives du Douro pour aborder une région rocheuse, aride et désertique ; l'altitude s'élève insensiblement, la flore change. Une jolie Crucifère aux fleurs violettes, l'*Erysimum linifolium*, aperçue déjà quelques heures auparavant près de Castel Melhor, mériterait bien d'être cult'vée. Nous revoyons avec plaisir la charmante Cynoglosse à feuilles de lin (*Omphalodes linifolia*), mais *Lavandula pedunculata*, une Asphodèle et le Retama prédominent. Nous atteignons 500 mètres et, à cette altitude, les cultures principales consistent en Céréales (Seigle, Orge), en Trèfle incarnat et en Ers (*Ervum Ervilia*).

Dans le granit désagrégé bordant la voie ferrée abonde *Brassica sabularia*, se révélant au loin par la teinte jaune de ses fleurs, tandis que les parties incultes ou rocheuses donnent asile à l'*Anarrhinum bellidifolium*, au *Thymus mastichina*, au *Digitalis Thapsi*, lequel domine avec l'inévitable *Lavandula pedunculata*.

Après Fregeneda, nous revoyons l'*Erysimum linifolium* couvrant les rochers et aussi mélangé aux moissons dont il égaie de ses grappes violettes le ton trop uniforme ; puis le *Cytisus albus*, le *Sarothamnus scoparius* et encore le *Digitalis Thapsi*, l'ami des sols granitiques. Un peu plus loin (Lumbrales) l'altitude atteint 800 mètres, ce sont des Chênes tauzins (*Quercus Tozza*) qui se montrent ici, en peuplements assez clairsemés.

Le tapis végétal constitué par une graminée très courte, forme un pré bien vert sur lequel se détachent principalement *Brassica subularia* et *Narcissus Bulbocodium*. L'Yeuse se montre encore ma'gré l'altitude, mais l'Olivier a disparu.

DE SALAMANQUE A LA FRONTIÈRE. — Voici enfin Salamanque, la vieille cité si célèbre par son ancienne Université, ses monuments, ses maisons si remarquables. Tout l'ensemble a pris sous l'implacable soleil l'admirable patine et les tons chauds d'un paysage oriental. Ici, c'est le pont romain, jeté sur le rio Tormes, pont de 27 arches et long de 400 mètres ; à l'horizon, les sierras de Gredos et du Gata élèvent leurs sommets couverts de neige.

L'Espagnol n'a décidément pas pour l'horticulture le même amour que le Portugais; soit insouciance , soit rigueur du climat, les jardins n'offrent pas de plantes remarquables. Un petit square près de la Torre del Clavelo, assez bien entre tenu, est complanté de *Robinia Pseudo-Acacia* et de Sorbiers des Oiseaux (*Sorbus Aucuparia*). Les mass·fs sont constitués par des Fusains du Japon, des Lauriers-amandes, des Lauriers-tin. Pas un Palmier, pas même le rustique *Chamœrops excelsa* ne relève la banalité un peu attristante de cette composition.

Sur les vieux murs d'enceinte de la ville abonde la Roquette (*Eruca sativa*), *Lithospermum arvense*, *Cuicus benedictus*, *Lappa major* et les espèces habituelles de ces sortes de stations ruderales : *Sedum album*, *Hordeum murinum*, *Sisymbrium Sophia*, *S. Irio*. Le sol de la campagne est argilo-calcaire ; sur un monticule échappé au fer destructeur de la charrue nous recueillons quelques espèces : *Genista Scorpius*, *Spartum junceum*, *Centaurea Seuzana*, *Diplotaxis catholica*, *Euphorbia serrata*, *Echinaria capitata*, *Helianthemum salicifolium*, *Taraxacum obovatum*, qui nous aident à reconstituer en imagination la végétation primitive.

Nous entrons maintenant dans la vieille Castille ; les plus brillants représentants de la végétation mé·literranéenne ont disparu. Les champs de blé étendent à perte de vue leur monotone uniformité et une gelée blanche intense couvre les jachères d'une couche d'argent pailleté. Nous approchons de Burgos, au climat rude, dont l'inclémence est proverbiale ; les hivers les moins rigoureux n'y durent pas, paraît-il, moins de huit mois.

Après Burgos (850 mètres), l'altitude s'abaisse graduellement et trente-cinq lieues de plaines s'étendent jusqu'aux premiers contreforts des Pyrénées. C'est, en été, une mer de blés relevée çà et là de quelque rare plant d'arbre ; quelques buissons rabougris, des Saules dans les endroits humides, çà et là quelques Noyers.

Près d'Alsasua (538 mètres) reparaissent les prairies semées d'*Orchis Morio* et de Pâquerettes, d'Ajonc et de Bruyères (*Calluna vulgaris*) et avec elles le Chêne angoumois (*Quercus Tozza*) et le Hêtre dont ces prairies forment les sous-bois. Parfois c'est l'Aulne (*Alnus glutinosa*) qui remplace le Tauzin dans l'association du Hêtre ; d'autres fois ce dernier domine seul. Dans ce pays montagneux, la ligne cotoie tantôt un ruisseau, tantôt traverse de grands rochers au moyen de tunnels ; le paysage change à chaque instant, les stations maintenant se multiplient plus rapprochées au voisinage du littoral et de la frontière. Au paysage escarpé, animé par les troupeaux, se substitue graduellement un pays ou la civilisation a marqué son empreinte. C'est d'abord Saint-Sébastien, sa baie, son port abrités par le Mont Orgullo. Voici Irun, la Bidassoa, puis Hendaye, Biarritz, Bayonne ; nous sommes en France, ravis de notre voyage, rapportant une ample moisson d'observations et de souvenirs ; nourrissant le très vif désir de revenir visiter plus longuement ces curieux pays que nous n'avons fait qu'entrevoir, dans la longue fantasmagorie de ce rapide voyage.

Extrait des *Annales de la Société d'horticulture et d'histoire naturelle de l'Hérault.*